大展好書　好書大展
品嘗好書　冠群可期

陳式太極拳動作名稱

第一段

1· 起　勢
2· 右金剛搗碓
3· 攬紮衣
4· 右六封四閉
5· 左單鞭
6· 搬攔捶
7· 護心捶
8· 白鶴亮翅
9· 斜行拗步
10· 提　收
11· 前　蹚
12· 右掩手肱捶
13· 披身捶
14· 背折靠
15· 青龍出水
16· 斬　手
17· 翻花舞袖
18· 海底翻花
19· 左掩手肱捶

20· 左六封四閉
21· 右單鞭

第二段

22· 雲手（向右）
23· 雲手（向左）
24· 高探馬
25· 右連珠炮
26· 左連珠炮
27· 閃通背

第三段

28· 指襠捶
29· 白猿獻果
30· 雙推手
31· 中　盤
32· 前　招
33· 後　招
34· 右野馬分鬃
35· 左野馬分鬃
36· 擺蓮跌叉
37· 左右金雞獨立

第四段

38· 倒捲肱
39· 退步壓肘
40· 擦　腳
41· 蹬一根
42· 海底翻花
43· 擊地捶
44· 翻身二起
45· 雙震腳
46· 蹬　腳
47· 玉女穿梭
48· 順鸞肘
49· 裹鞭炮
50· 雀地龍
51· 上步七星
52· 退步跨虎
53· 轉身擺蓮
54· 當頭砲
55· 左金剛搗碓
56· 收　勢

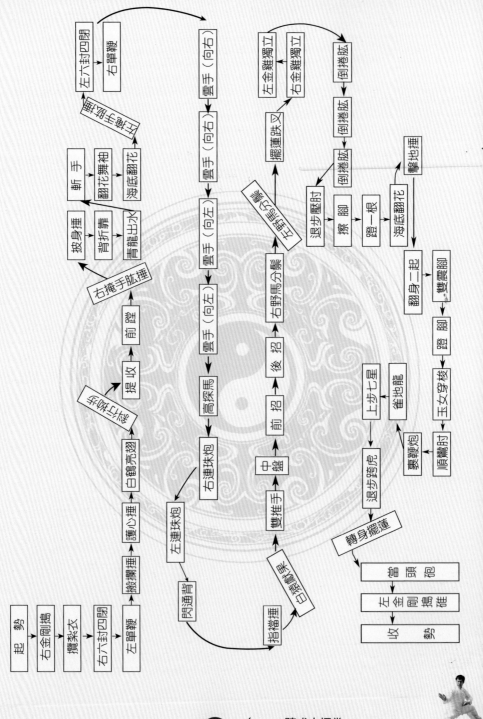

第一段

（一）起 勢

兩腳併攏，身體自然站立，肩臂鬆垂，兩手輕貼兩腿外側，頭頸正直，兩眼平視。要做到虛領頂勁，下頜微內收，舒胸展背，斂臀收復，呼吸自然。用意念調整身體姿勢，把身體調整到最佳狀態，然後意念落於丹田，稱之為意守丹田（圖1）。

當預備勢調整到最佳狀態後，慢慢提起左腳向左平行開步，與肩同寬，成開立步。身體保持中正不變，兩眼保持平視（圖2）。

【要點】

精神要集中，頭勁要虛虛領起，使身體自然放鬆，兩腳要微微抓地，呼吸要自然平和。

（二）右金剛搗碓

身體稍左轉，重心左移，身體略前傾。雙手逆纏，向左前方提腕，與腹同高，掌心斜向內，掌指斜向下（圖3）。

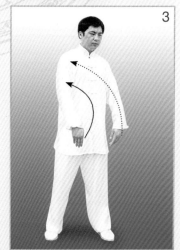

　　身體右轉，兩腿屈膝下蹲成馬步。同時兩手向上向右畫弧至右側肋、胸前；左手掌心向右，掌指向上；右手貼與右肋側，掌心斜向前，掌指斜向上（圖4）。

　　左手逆纏，右手順纏，同時向左前上方推出，臂成弧形，左掌心斜向前下方，掌指斜向右；右手至左小臂內下側，掌心斜向前，掌指斜向上。眼看左前方（圖5）。

　　身體右轉，左腿弓膝踏勁，重心移向左腿，右腳以腳跟為軸，腳尖外擺90度。同時左手順纏，右手逆纏，兩手隨轉體同時向右轉，成右採左挒勢，臂成弧形，掌心翻向外，掌指斜向前上方（圖6）。

　　身法不變，右腿弓膝踏勁，身體重心移於右腿，提起左腳，成右獨立勢（圖7）。

　　身體稍右轉，左腳跟內側著地，向左側前方擦出，成左仆步。同時右手逆纏，左手順纏，兩手向右側推出，掌心斜向右，掌指斜向上（圖8）。

　　身體左轉，左腳尖外擺踏實，向前弓膝塌勁，成弓步。同時左手逆纏，向下向左、向前上方轉出，臂成弧形，橫與胸前，掌心斜向前下方，掌指斜向上；右手變順纏向下塌勁，掌心斜向下，掌指斜向右後方。眼看左前方（圖9）。

　　身體繼續左轉，左腿弓膝踏勁，重心移於左腿；提起右腳向前上步，落在左腳的右前側，腳尖著地，腳跟抬起，成右前虛步。同時右手順纏隨上步向前撩掌至右側腹前，掌心向上，掌指向前；左手繼續逆纏轉至右小臂內側，掌心向下，掌指向右。眼看前方（圖10）。

　　身法不變，左腿弓住塌勁，右腿屈膝提起。同時右手握拳，屈臂向上至右胸前，拳心向內；隨之左手順纏向內轉至腹前，掌心翻向上，托於臍前。兩眼平視（圖11）。

　　身法不變，左腿弓住塌勁，右腳向下震落，成馬步。同時右拳順纏向下砸落在左掌心內，拳心向上，拳眼斜向前。兩臂成弧形，兩肘貼於肋上，兩肩鬆垂。眼法不變（圖12）。

【要點】

　　身體先微左轉，提兩手腕，再畫弧，接著兩手塌腕立掌向右轉至右胸前，同時兩腿屈膝下蹲成馬步。兩掌向前推時，馬步不變。兩手在原處旋轉變採捋時，要隨著身體的轉動。左腳提起時手不動，擦腳推掌要同時完成。上步撩掌時要手領先。砸拳、震腳、氣向下沉於丹田要同時完成。

（三）攬紮衣

　　身體稍左轉，步型不變，向下鬆塌
褔勁。兩手型不變，同時向上托轉至左
肩前，右拳變掌，逆纏向內畫一小弧，
掌心向左，掌指向上（圖13）。

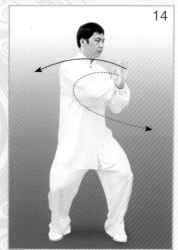

　　左手也變逆纏，掌心向右，掌指向
上，兩手腕交叉成十字手。眼看左前方
（圖14）。

　　身體向右轉正，步型不變，仍為正
馬步。右手逆纏向上、向右畫弧轉至右
側前方，手同肩高，掌心斜向右前方，
掌指斜向上；左手隨之逆纏向右經右肘
向下、向左畫弧轉至左側前方，手與腹
同高，掌心向下，掌指斜向左前方。眼
看右前方（圖15）。

　　身體稍右轉，左腿弓膝塌勁，重心移至左腿，提起右腳，以腳跟內側貼地向右側前方擦出，腳跟著地，腳尖翹起；同時左手順纏繼續向上向內畫弧轉至胸前，掌心向右，掌指向上；右手也順纏、繼續向下向內畫弧轉至胸前，與左手腕交叉相搭，左手在內，右手在外成十字手，掌心斜向內，掌指斜向前上方。眼法不變（圖16、17）。

　　身體稍左轉，右腳尖落地踏實，隨之屈膝前弓。同時右手逆纏掌心向外，向左畫一小弧，接著再向右平雲，畫一大弧轉至右側前方；身體隨之右轉，步型成右側偏馬步；右手變順纏，塌腕立掌，接著身體再稍向左轉，掌心斜向前，掌指向上；隨之左手變順纏向下轉至腹前，掌心向上，掌指向左，托於臍前。眼法不變（圖18、19、20、21）。

【要點】

　　左掌托右拳至左胸前，接著右拳變
掌，向內畫小弧，同時左手向右向下畫
一大弧，右手也隨之向右上方採出。兩
手不停，兩臂盡量伸展畫立圓，然後向
內合於胸前，交叉成十字手。右手在左
胸前畫小弧，再向右採拉，轉至右側前
方時，掌橫於胸前，接著塌腕立掌，同
時右腿弓膝塌勁成右偏馬步。

（四）右六封四閉

　　身體稍左轉，左腿弓膝塌勁，身體重心移至左腿；同時，右手以腕為軸，手指向前向下、再向內向上畫一圓弧，再還原成立掌，掌心斜向前，掌指向上；左手以腕為軸，虎口貼於腹部，在腹前繞一圓弧再還原成托掌，仍在腹前。與此同時，右腿再向前弓膝塌勁，還原成右偏馬步，眼法不變（圖22、23）。

　　身體稍左轉，左腿弓膝塌勁，成左偏馬步。同時右手向下向內畫弧捋至腹前，掌心斜向左，掌指斜向前下方；隨之左手逆纏提左腕稍向前上與右腕相貼，掌心向左，掌指向下，眼看右前方（圖24）。

身體右轉，右腿弓膝塌勁成右弓
步，左腿微屈。同時右手逆纏，左手隨
右手順纏旋轉，向右前上方轉出，手同
肩高；右掌心斜向右前下方，掌指斜向
前上方；左手隨右手轉出至右側前方，
掌心斜向內，掌指斜向上。眼法不變
（圖25）。

身體左轉，左腿弓膝塌勁，右腿稍
屈，成左偏馬步。左手逆纏向下向左再
向上採轉至左耳側，成刁勾手，勾尖斜
向下，屈腕屈肘；同時右手順纏向下向
前屈臂托起，掌心向上，掌指斜向右前
方，鬆肩屈臂沉肘。眼法不變（圖26）。

身體繼續左轉，左腿弓膝塌勁，成
左弓步。同時，左勾手變掌順纏，向左
向內畫一小弧轉至左腮側，掌心斜向
前；右手順纏向內轉至右腮側，掌心斜
向前。眼看左前方（圖27）。

　　身體右轉，右腿弓膝塌勁，身體重心移至右腿，提起左腳向前跟步，落在右腳的左後側，腳尖著地，成左後虛步，兩膝外展，襠撐圓。同時兩手隨轉體逆纏向右側下方按出，兩掌指斜向上，掌心斜向右前下方。兩眼平視（圖28）。

【要點】

　　當右手纏腕左右弓膝時，襠勁要塌住，不可鬆散，同時左手在腹前也畫一小圈。兩手向左平雲時，身體轉動要保持中正，要以腰脊為軸，不要前俯後仰。丁步雙按時，脊背要有向後的撐力。

（五）左單鞭

　　身體稍右轉，右腿弓膝塌勁，左腿也弓膝塌勁，步型不變。同時右手順纏，屈肘向內收轉至右胯前，掌心向上，掌指斜向前；左手逆纏，沿右手上側向前轉出，掌心向下，掌指斜向右前方。眼法不變（圖29）。

　　身體稍左轉，步型不變，仍保持左後虛步。同時左手變順纏，掌心翻向上，掌指斜向右前上方；右手變逆纏，隨之捏成勾手，勾尖向下，向前經左掌心上側向右前上方轉出，腕同肩高，臂微屈，手型不變；接著左手向內收轉至腹前，掌心向上，掌指向右；眼看左前方（圖30、31）。

身體繼續左轉，右腿弓膝塌勁，身
體重心移至右腿，隨之左腿屈膝提起，
腳尖自然下垂；接著左腳跟內側著地，
向左前方擦出，腳尖翹起，腳跟著地，
成仆步，手型不變。眼看左前方（圖
32、33）。

　　身體仍左轉，左腳尖落地塌實，隨之屈膝前弓，成左弓步，右腿微屈。同時身體向左平移，左肘隨身體向前打出（圖34）。

　　身體變為右轉，右腿弓膝塌勁，步型變成右弓步；右勾手仍在原處，左手隨身體右轉的同時向右前上方托轉至右肩前，掌心向上，掌指向右。眼看右前方（圖35）。

　　身體變為左轉，左腿弓膝塌勁，重心移向左腿，成左弓步；同時左手逆纏，在左胸前向內畫一小弧，掌心翻向外，隨身體左轉向左前方畫弧平雲，轉至左側前方；接著身體稍右轉，左腿弓膝塌勁，右腿也弓膝成左側偏馬步；右勾手不動，隨之兩肘向下鬆沉，左手塌腕立掌，掌心斜向前，掌指向上。眼看左前方（圖36、37）。

【要點】

左腳擦出，隨之向前弓膝，同時左肘向前打出，重心向右回轉時，左手上托至右肩前，接著向內畫一小弧，再向左拉掌轉至左側前方，臂要展平，與肩同高。隨身體右轉的同時，左手塌腕立掌，左腿弓膝成左偏馬步。

（六）搬攔捶

身體稍左轉，左腿弓膝塌勁，成左偏馬步。隨之，右勾手變掌逆纏向左，經面前轉至左肘內側，掌心斜向內，掌指斜向上（圖38）。

身體隨之右轉，右腿弓膝塌勁，成右側偏馬步；兩手握拳，右拳順纏，左拳逆纏，兩手同時向下經腹前向右至右側前方，右拳心向上，左拳心向下，在右肘內側。眼看右側前方（圖39）。

　　身體左轉，左腿弓膝塌勁，步型不變，右腿也弓膝塌勁，使身體下降，襠勁下塌，形成蓄勁。同時，右拳變逆纏向右下方擰轉，拳心向下，拳眼向前，左拳變順纏也向右下方擰轉，拳心向上，拳眼向前（圖40）。

41

　　兩拳同時向左側上方發力打出，左拳同耳高，拳心斜向內，拳眼向左後方，臂成弧形；右拳至於左肘內下側，拳心向下，拳眼向左後方。眼看左前方（圖41）。

42

　　身體繼續左轉，左腿弓膝塌勁。左拳逆纏，右拳順纏，同時向上向右經面前向右向下再向左畫一圓弧至左膝外上側，左拳心向下，拳眼向前，右拳心向上，拳眼向前（圖42）。

兩拳同時向右側上方發力打出，右拳同耳高，拳心斜向內，拳眼向右後方，臂成弧形；左拳至於右肘內下側，拳心向下，拳眼向右後方。眼看右前方（圖43）。

【要點】

兩拳在體前左右畫弧轉動時，要注意兩拳的距離要保持在一小臂寬。左右發力橫抖時，要用腰帶動兩臂，力達拳眼。

（七）護心捶

身體繼續右轉，向下鬆塌襠勁，形成蓄勁。兩拳同時逆纏向右膝外下側旋轉。接著，身體變為左轉，右腿弓膝塌勁，重心移至右腿，隨之提起左腳，腳尖自然下垂，成右獨立步；左拳逆纏向上將身體領起，動作不停，右腳隨身體上起蹬地發力，將身體騰在空中，隨之向左轉180度，左腳下落，右腳向右前方擦出，腳尖翹起，腳跟著地；同時，左拳隨轉體畫弧轉至左側前方，拳心向下；右拳順纏，隨轉體向上畫弧，下落時右臂屈肘向下旋砸至右側前方，拳心斜向內，拳眼向上。眼看右前方（圖44、45、46、47）。

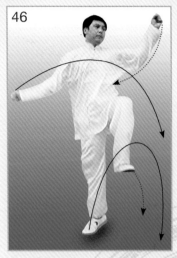

　　身體右轉，右腳尖落地塌實，隨之弓膝塌勁，成右側弓步。同時右拳逆纏向內轉至腹前，拳心向內；左拳逆纏向右經面前畫弧轉至右側前方，拳心向內，拳眼向上（圖48）。

身體左轉，右腿弓膝塌勁，成右偏馬步；同時右拳順纏向右前上方轉出，臂成弧形，抱與胸前，拳同胸高，拳心向內，拳眼向上；左拳稍順纏向下向內收轉至右肘下側，拳心向內，拳眼向上。眼看前方（圖49）。

【要點】

當雙拳逆纏向下栽拳時，要向下鬆塌襠勁，稱為續勁，接著左手向上領起的同時兩腳蹬地發力向上躍起，隨之身體左轉，兩臂向左掤擊，落地後重心落至左腿，要踏實不可左右搖晃，接著，右腿向前弓膝，兩臂纏抱與胸前，拳心向內，拳眼向上。

（八）白鶴亮翅

身體右轉，右腳以前腳掌為軸，腳跟向前擰轉，隨之弓膝塌勁，左腳腳跟抬起，腳前掌著地。同時雙拳變掌，右手逆纏向左轉至左肩前，掌心向外，掌指向上；左手順纏向右胯外側插轉，掌心向右，掌指向下。眼看左前方（圖50）。

身體左轉，右腿弓膝塌勁，提起左腳向左前方上步，腳跟著地，腳尖翹起，成仆步（圖51）。

　　左腳尖落地踏實，隨之弓膝塌勁，重心移至左腿，提起右腳向前跟步，落於左腳內側，腳前掌著地，成右虛步。同時左手逆纏向前向左側上方轉出，手高於頭，掌心向外，掌指向上；右手逆纏，向下向右轉至右胯側前方，掌心向下，掌指向前。眼看前方（圖52）。

【要點】

　　左腳向左前方上步後，形成左側擠靠法，左腿弓膝塌勁，左臂向左前上方轉出。上步後兩膝外展，襠部撐圓。

（九）斜行拗步

　　身體右轉，兩腿向下鬆塌襠勁，步型不變。右手逆纏向右向後轉至右胯後側，掌型不變；左手順纏向下轉落至前方，掌心斜向右，掌指斜向前上方（圖53）。

　　身體左轉，左腿弓膝塌勁，身體重心移至左腿，隨之右腿屈膝提起，腳尖自然勾起；同時左手變逆纏，向右畫弧經腹前向左轉至左胯側，掌心向下，掌指斜向前；右手變順纏，向上轉至右側前方，掌心斜向前，掌指斜向上。眼看右前方（圖54）。

身體右轉，右腳向下震落，隨之弓膝塌勁，提起左腳以腳跟內側貼地，向左前方擦出，腳跟著地，腳尖翹起，成左仆步。同時右手逆纏向下向左畫弧轉至右胯側，掌心向下，掌指向前；左手仍順纏，向上屈肘向內轉至左側胸前，掌心斜向上，掌指斜向左前上方。眼看左前方（圖55、56）。

身體左轉，左腳尖落地踏實，隨之屈膝前弓，成左側弓步。同時左手逆纏向內向下經右膝前變勾手，向右上方摟轉至肩高，勾尖向下；右手逆纏向上轉至肩高，屈肘手向內轉至右腮側，掌心向左，掌指向上。眼法不變（圖57、58）。

身體右轉，步型不變。右手繼續逆纏，向前向右平雲轉至右側前方，掌心斜向前下方，掌指斜向前上方（圖59）。

身體左轉，右臂鬆肩沉肘，右手隨轉體向右前方塌腕立掌，掌心向前，掌指向上，左勾手不變。眼看右前方（圖60）。

【要點】

身體左右轉動時，要以腰脊為軸，平穩轉動，身體保持中正。當右掌向前下塌按時，襠勁也要隨之向下鬆塌，右手形成採勢，左手形成挒勢然後變擠勢。左勾手要擠至左腿外側。

（十）提　收

　　身體左轉，步型不變。左勾手變掌，兩手同時逆纏，向前向內旋插，掌心均向外，掌指斜向前（圖61）。

　　左腳跟為軸，腳尖向內扣轉，隨之兩手變順纏向外向下畫弧，左手轉至左膝前上方，掌心斜向上，掌指向前；右手轉至左肘內側，掌心斜向上，掌指向前。眼法不變（圖62）。

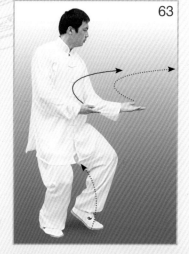

　　身體稍左轉，右腿弓膝塌勁，身體重心移至右腿，左腳向內收轉至右腳的左前側，腳尖著地，成左前虛步，兩手在原處加大順纏，掌心翻向上（圖63）。

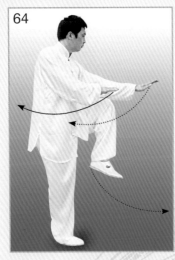

　　左腿屈膝提起，成右獨立步，腳尖自然勾起；同時兩手變逆纏，沿左膝向前推按，左手至左膝前側，掌心向下，掌指向前；右手至左肘內側，掌心向下，掌指向前。眼法不變（圖64）。

【要點】

　　兩手逆纏向前插掌，兩臂形成一圓弧，接著兩手變順纏向外向下向內畫弧收轉。接著，兩手向前推按的同時左腿屈膝提起。向上，托於臍前。兩眼平視（圖11）。

（十一）前　蹚

　　身體右轉，右腿弓膝塌勁，左腳以腳跟內側貼地，向左前方擦出，腳跟著地，腳尖翹起。同時兩手向下向右将出，掌心斜向右，掌指斜向前（圖65）。

　　身體變為左轉，左腳尖落地踏實，左腿弓膝塌勁；隨之右手變順纏，向上屈肘向內按至左腕內側同時向左轉出，兩臂成弧形，眼看左前方（圖66、67）。

身體繼續左轉，左腳以腳跟為軸，腳尖外擺，隨之弓膝塌勁，重心移至左腿，提起右腳、經左腳內側向右前方擦出，接著弓膝塌勁，成右偏馬步。同時兩手變逆纏掌心翻向外，向左右分展轉出，至左右前方，然後鬆肩沉肘，塌腕立掌，掌心斜向前，掌指向上。眼看右前方（圖68、69）。

【要點】

　　雙手向右下捋時，身體隨之右轉，左腳向左前方上步，眼看右側。兩手向左右分掌時，先平拉掌，當兩臂展開時再沉肘立掌。

（十二）右掩手肱捶

身體左轉，步型不變。右手順纏向前平雲轉至胸前，掌心向上，掌指向前（圖70）。

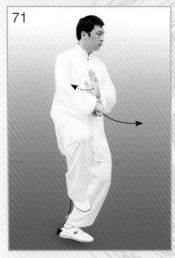

身體變為右轉，左腿弓膝塌勁，身體重心移至左腿，右腿屈膝提起，腳尖自然勾起。同時右手握拳屈肘向內收轉至胸前，拳心向右，拳眼向內；左臂屈肘，左手向內掌心貼於右拳上側，掌指向上。眼看左前方（圖71）。

身法不變，右腳向下震落在左腳內側，左腳迅速提起，並用腳跟內側貼地向左前方擦出，腳跟著地，腳尖翹起。同時右拳向下插至左腹前，拳型不變；左掌沿右臂向上轉至右肩前，掌型不變。眼法不變（圖72、73）。

身體左轉，左腳尖落地踏實，屈膝
前弓，成左弓步，右腿稍屈。同時兩手
逆纏向下向左右分展至肩高，左掌心向
前，掌指向上；右拳心斜向右下方，拳
眼斜向下（圖74）。

身體稍右轉，右腿弓膝塌勁；左手
在原處變順纏，掌心翻向上，中指、無
名指和小指向內屈與掌心成八字掌；右
臂屈肘，右手順纏向內合於右胸前，拳
心向內，隨之左腿弓膝塌勁，右腿稍
屈，成左弓步；同時右拳逆纏，向前經
左掌心上側，向前發力打出，拳心向
下；左手逆纏屈肘向內收轉至腹前，掌
心按於腹部。眼法不變（圖75、76）。

【要點】

　　右手握拳，同時兩手向內合與胸前，握拳合臂與提右腿同時完成，擦步插拳也要同時進行。要注意兩臂打開時兩手要做逆纏，當兩臂展開時，兩手變順纏，左手變成八字掌。發拳時要快速有力，力達拳面，左手向內收轉按於腹部，掌型不變。

（十三）披身捶

　　身體繼續左轉，左腿弓膝塌勁，仍為左弓步。同時左手握拳順纏，向左前上方轉出，拳同肩高，臂成弧形，拳心向內；右拳變順纏，隨左拳向左轉動，至左肘內側，拳心向上，臂成弧形。眼看左前方（圖77）。

　　身體右轉，右腿弓膝塌勁，成右弓步。雙拳變逆纏，同時向下經腹前向右轉至右側前方，變順纏，右拳至右膝前上方，拳心斜向上，拳眼斜向右後方；左拳轉至右肘內下側，拳心向上，拳眼向前。眼看右前方（圖78）。

【要點】

　　兩臂在胸前左右纏繞時，要注意兩手的順逆纏法同時配合腰襠膝胯的旋轉，塌好襠勁使下盤穩固。

　陳式太極拳

（十四）背折靠

身體左轉，左腿弓膝塌勁，身體重心移至左腿；同時左臂屈肘，左拳逆纏向內，拳面貼於左腰側；右拳變順纏，屈肘向左旋帶轉至左側前方，臂成弧形，拳心向內，拳眼向右。眼看右拳（圖79）。

身體右轉，右腿弓膝塌勁，左膝向內鬆垂。同時右拳突腕逆纏畫弧向右上方轉出，拳至右額前上方，拳心斜向下，拳眼向內，隨之上體向右擰轉；左肘稍向內合。眼看左前下方（圖80）。

【要點】

右拳帶至左胸前時，向內畫一小弧，然後隨身體向右擰轉，使背部產生向右後方的靠勁；左拳緊頂腰部，隨身體右轉，左臂向胸前靠轉。

（十五）青龍出水

上體左轉，左腿弓膝塌勁，隨之提起右腳，以腳跟內側貼地向右前方擦出，隨之，腳尖落地踏實，向前弓膝塌勁，成右偏馬步。同時，兩手握拳，右拳順纏轉至右側前方，屈臂，拳心向內；左拳向後順纏向左後上方轉出，臂成弧形，拳心向內。眼看右前方（圖81）。

　　身體右轉，步型變成右弓步。同時右拳逆纏，向內向下經腹前向右畫弧轉至右膝外側，拳心向下，拳眼斜向內；隨之左拳順纏向內經胸前向右轉至右側前方，拳同胸高，拳心向內，臂微屈（圖82）。

　　身體稍左轉，左拳逆纏向內畫弧轉至腹前，拳心貼於腹部上，右拳繼續逆纏向右向上畫弧轉至肩高、變順纏屈肘向內轉至右側前方，拳心斜向內，眼法不變（圖83）。

　　身體右轉，右腿弓膝塌勁，成右弓步。同時左拳變掌逆纏，以虎口領勁向右前方迅速抖彈撩出，至右膝內前上方，與腹同高，拇指、食指伸展，其餘三指微屈，掌心斜向下；隨之右拳變掌，繼續順纏向內畫弧合至腹前，掌心向內，按在腹部。眼法不變（圖84）。

　　身體迅速左轉，右腿弓膝塌勁，成右偏馬步。同時右手握拳逆纏，沿右大腿內上側，向右前方迅速發力轉出，拳至右膝前上方，臂成弧形，拳心向下，拳眼斜向內；左手順纏，迅速向內收轉至腹前，掌心貼於腹部。眼看右拳（圖85）。

【要點】

　　前勢擰勁回放，將勁蓄至左掌，向前擊出，接著右拳迅速發力。右拳發出時，左掌要迅速回收至腹前。發拳和收掌要形成對拉勁。發勁時要轉腰沉胯。

（十六）斬　手

　　身體左轉，左腿弓膝塌勁，身體重心移至左腿，隨之右腿屈膝提起，成左獨立步。同時右拳變掌，逆纏擰轉，掌心斜向右，掌指斜向右前下方；左手在腹前不動。眼法不變（圖86、87）。

　　身體變為右轉，右腳尖外擺落地，隨之屈膝前弓，提起左腳向前上步，兩腿屈膝，震腳下落至右腳左側，成併步。同時右掌向上向右畫弧轉至右側前方，手同腹高，臂成弧形，掌心斜向上，掌指向右前方。接著，左手逆纏向上至肩高，變順纏向下劈至右掌心內，成立掌，掌心斜向內，掌指向前。眼看左掌（圖88、89）。

【要點】

　　右腳外擺落地與右手外翻要同時完成。左腳震落與左手下劈要一致，左手要劈落至右掌心內，同時兩腿屈蹲。

（十七）翻花舞袖

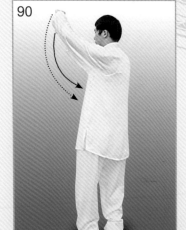

　　身法不變，兩腿直立，然後兩腿再屈膝下蹲。右手逆纏下沉，左手也逆纏，兩掌心相對，兩手同時向前向上轉至左前上方，雙手變逆纏向左後下方畫弧；左手至左膝外側，掌心斜向前，掌指向下，右手轉至左膝前下側，掌心斜向前下方，掌指斜向下。眼看兩手（圖90、91）。

　　右腿屈膝提起，隨之左腳蹬地發力向上躍起，騰在空中，繼續向右轉身，右腳和左腳依次落地，右腳在後，左腳在前，兩腿屈膝，重心偏於右腿，成虛步。同時兩手繼續逆纏向上帶起，隨轉體下落，兩手向下劈按至體前；左手轉至左側前方，手同胸高，掌心斜向前下方，掌指斜向前上方；右手轉至腹前，掌心向下，掌指向前。眼看左前方（圖92、93、94）。

【要點】

　　兩手向前上畫弧領起，再向後下畫弧，同時兩腿屈蹲蓄勁，隨之兩腳蹬地發力向上翻轉跳步，落步時兩手向下劈按，動作均需一氣呵成。

（十八）海底翻花

身體右轉，右腿屈膝塌勁，身體重心移至右腿，左腳向內收轉至右腳左前側，腳尖著地，成左前虛步。左手逆纏，右手順纏，兩手同時向右将轉；左手轉至右腹前，握拳，拳心向下，拳眼向內；右手将至右胯右前側，變順纏握拳，拳心向上（圖95）。

身體左轉，左腿迅速屈膝提起，腳尖自然勾起，右腿隨轉體提膝的同時伸展，腿微屈，塌勁，成右獨立步；同時兩拳迅速向上向左發力轉出；左拳轉至左膝外側，拳心向上，拳眼向左，臂成弧形；右臂屈肘，右拳向上轉至頭的右側上方，略高於頭，拳心向內。眼看前方（圖96）。

【要點】

雙手向右将至右側胯前時，兩手握拳，左拳在體前畫一半圓轉至左膝外側；同時右拳在體側向上畫一半圓，轉至右額前，同時左腿屈膝提起，形成獨立勢。雙拳發力與提膝要同時完成。

（十九）左掩手肱捶

身體左轉，左腳尖外擺，向下震落在右腳左後側，右腳迅速提起，並用腳跟內側貼地向右前方擦出，腳跟著地，腳尖翹起。同時左拳逆纏向內合於胸前，拳心斜向下，拳眼向內；右拳變掌向內向下合於左拳上側，掌心斜向左，掌指向上；身法不變，隨右腿前出，左拳向下插至右腹前，拳型不變，右掌沿左臂向上轉至左肩前，掌型不變。眼看右前方（圖97、98）。

身體右轉，右腳尖落地踏實，屈膝前弓成右弓步，左腿稍屈。同時兩手逆纏向下向左右分展轉至肩高，右掌心向前，掌指向前上方；左拳心斜向左下方，拳眼斜向下（圖99）。

左腿弓膝塌勁，右手在原處變順纏，掌心翻向上，中指、無名指和小指向內屈於掌心成八字掌，左臂屈肘，左手順纏向內合與左胸前，拳心向內，隨之右腿弓膝塌勁；左腿稍屈，成右弓步。同時左拳逆纏，向前經右掌心上側向前發力打出，拳心向下；右手逆纏向內收轉至腹前，掌心按於腹部。眼法不變（圖100、101）。

【要點】

合臂與左腳下震要同時完成，擦步插拳也要同時完成。要注意兩臂打開時兩手要做逆纏，當合臂時兩手要做順纏，左手變成八字掌。發拳時要快速有力，力達拳面，左手向內收轉按於腹部。

（二十）左六封四閉

身法不變，步法不變。右拳變掌順纏向下捋至腹前，掌心向下，掌指斜向前；左手逆纏，提腕向前與右手腕相貼，掌心向內，掌指向下（圖102）。

身體左轉，左腿弓膝塌勁，成左弓步；左手變逆纏，右手變順纏，兩手同時向左前上方轉出，至左側前方，掌心斜向前下方，掌指斜向前上方；右手仍貼左腕內側，掌心向內，掌指斜向上。眼看左前方（圖103）。

身體右轉，右腳尖外擺，隨之弓膝塌勁，提起左腳向前上步，落於右腳的左前側，腳前掌著地，腳跟抬起，成左前虛步。同時右手向下、向右畫弧經胸前變逆纏，屈肘屈腕採刁至右耳側，勁貫手背，小手指、無名指、中指依次內收，掌心斜向內，掌指斜向下；左手向右捋至胸前變順纏屈肘，向左前上方畫弧托起，肘尖下垂，臂成弧形，掌心向上，掌指向左前方。眼看左前方（圖104）。

身體右轉，右腿弓膝塌勁，提起左腳向前活步，腳尖翹起，以腳跟內側貼地向前方鏟出；同時右手變掌逆纏向右向內畫弧轉至右腮側，掌心斜向前；左手也逆纏向內轉至左腮側掌心斜向右。眼看右前方（圖105）。

　　身體左轉，左腳尖落地踏實，隨之屈膝前弓，重心移至左腿，提起右腳向前上步，落在左腳的右後方，腳前掌著地，腳跟抬起，兩膝外展。同時兩手逆纏向左側下方轉出；左掌至左腿外上側，掌心斜向下，掌指斜向上；右手至左腿內上側，掌心斜向下，掌指斜向上。眼看左前方（圖106）。

【要點】

　　左拳變掌，下捋與右腕相接，接著，兩手同時向左側上方轉出；然後變右掌心向上，左掌心下，向下向右捋，變刁托手，托手力在掌心。

（二十一）右單鞭

　　身體稍左轉，左腿弓膝塌勁，右腿也弓膝塌勁，步型不變。同時左手順纏，屈肘向內收轉至左胯前，掌心向上，掌指斜向前；右手逆纏，沿左手上側向前轉按，掌心向下，掌指斜向左前方。眼法不變（圖107）。

　　身體稍右轉，步型不變，仍保持右後虛步。同時右手變順纏，掌心翻向上，掌指斜向左前上方；左手變逆纏，隨之捏成勾手，勾尖向下，向前經左掌心上側向左前上方轉出，腕同肩高，臂微屈；接著，右手向內收轉至腹前，掌心向上，掌指向左。眼看右前方（圖108、109）。

身體繼續右轉，左腿弓膝塌勁，重
心移至左腿，隨之右腿屈膝提起，腳尖
自然勾起（圖110）。

右腳跟內側著地，向右斜後方擦
出，腳尖翹起，腳跟著地，成仆步，
手型不變。眼看右前方（圖111）。

112

身體仍右轉，右腳尖落地塌實，隨之屈膝前弓，成右弓步，左腿微屈。同時身體向右平移，右肘隨身體向前打出。接著身體變為左轉，左腿弓膝塌勁，步型變成左弓步；左勾手仍在原處旋轉，右手隨身體左轉的同時向左前上方托轉至左肩前，掌心向上，掌指向左。眼看左前方（圖112、113）。

113

身體變為右轉，右腿弓膝塌勁，重心移向右腿，成右弓步；同時右手逆纏在右胸前向內畫一小弧，掌心翻向外，隨身體右轉向右前方平雲，轉至右側前方。接著身體稍左轉，右腿弓膝塌勁，成右側偏馬步；隨之兩肘向下鬆沉，右手塌腕立掌，掌心斜向前，掌指向上。眼看右前方（圖114、115）。

114

【要點】

右腳鏟出，隨之向前弓膝，同時右肘向前打出，重心向左回轉時，右手上托至左肩前，接著向內畫一小弧，再向右採拉至右側前方，臂要展平，與肩同高。隨身體左轉的同時，右手塌腕立掌，身體保持中正，步型為右偏馬步。

第二段

(二十二) 雲手 (向右)

　　身體左轉，左腿弓膝塌勁，身體重心移至左腿，提起右腳向內收轉，落至左腳的右後側，腳尖著地，腳跟抬起，成右後虛步。同時左勾手變掌向上、向右畫弧轉至右肘內側變逆纏，右手順纏，兩手同時向左側前方轉按，左手掌心斜向左前下方，掌指斜向前上方；右手至左肘內側，掌心向左，掌指斜向上。眼看左前方（圖116、117）。

身法不變，左腿弓膝塌勁，提起右腳以腳跟內側貼地，向右後方擦出，成左弓步。兩手繼續向左前方推按，掌型不變（圖118）。

身體變為右轉，右腿弓膝塌勁，成右弓步；右手逆纏向上畫弧經面前向右轉至右側前方，掌心向右，掌指斜向前上方；左手順纏向下畫弧經腹前向右轉至右肘內下側，掌心斜向右，掌指斜向前上方。眼看右前方（圖119）。

身體左轉，右腿弓膝塌勁，身體重心移至右腿，隨之提起左腳經右小腿後側向前叉步，腳前掌著地，腳跟抬起，成盤步。同時左手順纏屈肘向上轉至右側胸前，掌心斜向前下方，掌指斜向右；右手順纏屈肘向下畫弧轉至右側前方，手同腹高，掌心向前，掌指向右。眼看右前方（圖120）。

身體繼續左轉，左腳跟落地踏實，弓膝塌勁，身體重心移至左腿，隨之提起右腳，以腳跟內側貼地向右後方擦出，成左弓步。同時左手逆纏向上向左平雲轉出，手至左側前方，掌心斜向左前下方，掌指斜向前上方；右手繼續順纏向下向左畫弧轉至左肘內下側，掌心向左，掌指斜向上。眼看左前方（圖121）。

身體稍右轉，右腿弓膝塌勁，成右弓步，左腳尖內扣，左腿稍屈。同時右手在原處順纏，掌心翻向上；左手也順纏，掌心翻向上。隨之，身體繼續右轉，左手轉至右膝內上側，掌心向上，掌指向前；右手變逆纏掌心向下，掌指向左。眼看前方（圖122、123）。

　　身體左轉，右腿仍弓膝塌勁；隨之右手不動，右肘向上向前畫弧壓至左掌心上側，左臂隨轉體屈肘，手至右肘下，掌型不變（圖124）。

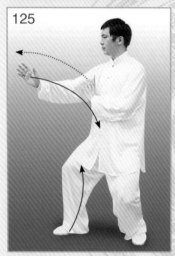

　　身體變為右轉，左腿弓膝塌勁，重心移至左腿，右腿屈膝提起，腳尖自然勾起，成左獨立步；同時右手順纏向前伸出，左手沿右小臂上側，逆纏向前發力擊出，掌心斜向前下方，掌指向右；與此同時右手順纏迅速向內收轉至腹前，掌心貼於腹部。眼看前方（圖125、126）。

【要點】

　　向右雲手，兩手在體前雲轉，手高不過眉，低不過肚臍，與身體轉動配合雲轉纏繞。在雲轉時兩手在體前上下畫弧纏繞。雲轉中兩掌心均向外。腳下的步法為插步和撤步。壓肘時，右肘要向上向前滾壓；採擊時，左掌要沿右臂上側向前擊出。

（二十三）雲手（向左）

身體右轉，右腳尖在空中外擺，震腳下落至左腳右後側，弓膝塌勁，提起左腳以腳跟內側貼地，向左後方擦出，成右弓步。隨之，兩手向右前方推出，掌型不變（圖127）。

身體左轉，左腿弓膝塌勁，成左弓步。左手順纏向上畫弧經面前向左轉至左側前方，掌心向右，掌指斜向前上方；右手順纏向下畫弧經腹前向左轉至左肘內下側，掌心向左，掌指斜向前上方。眼看左前方（圖128）。

身體右轉，左腿弓膝塌勁，身體重心移至左腿，隨之提起右腳經左小腿後側向後叉步，腳前掌著地，腳跟抬起，成盤步。同時右手逆纏屈肘向上至左側胸前，掌心斜向前下方，掌指斜向左；左手順纏屈肘向下畫弧轉至左側前方，手同腹高，掌心向前，掌指向左。眼看左前方（圖129）。

　　身體繼續右轉，右腳跟落地踏實，弓膝塌勁，隨之提起左腳，以腳跟內側貼地向左後方擦出，成右弓步。同時右手繼續逆纏向上向右雲轉至右側前方，掌心斜向右前下方，掌指斜向前上方；左手繼續順纏向下向右畫弧轉至右肘內下側，掌心向右，掌指斜向上。眼看右前方（圖130）。

【要點】
　　向左雲手，手法與前勢向同，步法只有一插一撤。

（二十四）高探馬

　　身體左轉，左腳尖落地踏實弓膝塌勁，身體重心移至左腿，提起右腳向前上步，經左腳內側向右前方擦步，隨之屈膝前弓，成右偏馬步。同時左手逆纏向上向左畫弧轉至左側前方，掌心斜向前，掌指向上；右手順纏向下向左合於左腕下側，兩腕交叉相貼，掌心向左，掌指斜向前下方；接著兩手逆纏向上轉至胸前，掌心翻向外，向左右分掌，兩臂展開後，兩臂鬆肩沉肘，兩手塌腕立掌，掌心斜向外，掌指向上。眼看右前方（圖131、132、133）。

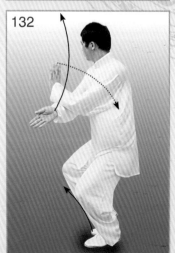

身體繼續右轉，左腿屈膝塌勁，重心左移，右腿稍屈，右腳尖勾起，成右前虛步。隨之兩手變順纏掌心翻向上，隨身體轉動（圖134）。

身體左轉，右腳尖內扣弓膝塌勁，身體重心移至右腿，提起左腳向內側收轉，落至右腳左後側，腳尖著地，腳跟抬起，兩膝微外展。左手順纏向內收轉至腹前，掌心向上，掌指向右；右手逆纏向右向內畫弧經右腮側變順纏向右前方轉出，手同肩高，臂成弧形，掌心斜向前，掌指向上。眼看右前方（圖135）。

【要點】

左手經面前，沿上弧向左雲轉，右手經腹前，沿下弧線向左合於左側前方；接著向兩側分掌，掌心向外，掌指斜向上，轉至兩側時，隨之鬆塌襠勁，鬆肩沉肘塌腕立掌。

（二十五）右連珠炮

　　身法不變，步型不變。右手順纏向下捋至腹前，掌心向左，掌指向前，左手逆纏提腕與右腕向貼（圖136）。

　　右手變逆纏，左手變順纏，兩手同時向上至胸前，再向右前方轉出，右掌心斜向右前下方，掌指斜向前上方；左手背貼於右手腕內側，掌心斜向上，掌指斜向右前上方。眼法不變（圖137）。

　　身體稍左轉，提起左腳向左後方撤步，隨之弓膝塌勁，成右偏馬步。同時右手變順纏向下捋轉，手同腹高，掌型不變，左手向內捋至腹前，掌型不變（圖138）。

右腿向內收轉，落至左腳右前側，腳尖著地，成右前虛步；隨之左臂屈肘，屈腕向上採刁至左耳側，手心斜向內，小指、無名指和食指依次曲於掌心，右手變順纏向右前上方托起，掌心斜向上，掌指向右前方，臂成弧形，肘尖下垂，眼法不變（圖139）。

身體左轉，左腿弓膝塌勁，右腳以腳跟內側著地向右前方擦出，腳跟著地，腳尖翹起；接著，腳尖落地踏實弓膝塌勁，左腳以腳尖畫地向前拖進半步，腳跟向下震落，隨之身體重心後移至左腿，成右前虛步。同時左手變掌向下落至左肩前，掌心斜向右，掌指向上；右手稍逆纏向內畫弧轉至左胸前，掌心與左掌心相對，掌指向上。動作不停，兩手同時向右前方推出，臂成弧形，右臂橫於右側前方，掌心斜向右，掌指向前，左手至右小臂內側，掌心向右，掌指向上。眼法不變（圖140、141）。

身體稍左轉，提起左腳向左後方撤步，隨之弓膝塌勁，成右偏馬步。同時右手順纏向下将，手同腹高，掌心斜向右前下方，掌指斜向上；左手順纏向內将至腹前，掌心斜向上，掌指斜向右前方（圖142）。

右腿向內收轉，落至左腳右前側，腳尖著地，成右前虛步。隨之左臂屈肘，屈腕向上採刁至左耳側，手心斜向內，小指、無名指和食指依次曲於掌心；右手變順纏向右前上方托起，掌心斜向上，掌指向右前方，臂成弧形，肘尖下垂。眼法不變（圖143）。

身體左轉，左腿弓膝塌勁，右腳以腳跟內側著地向右前方擦出，腳跟著地，腳尖翹起；接著，腳尖落地踏實弓膝塌勁，左腳以腳尖畫地向前拖進半步，腳跟向下震落，隨之身體重心後移至左腿，成右前虛步。同時左手變掌向下落至左肩前，掌心斜向右，掌指向上；右手稍逆纏向內畫弧至左胸前，掌心與左掌心相對，掌指向上（圖144）。

動作不停，兩手同時向右前方推出，臂成弧形，右臂橫於右側前方，掌心斜向右，掌指向前，左手至右小臂內側，掌心向右，掌指向上，眼法不變（圖145）。

【要點】

丁步回捋時步型不變，雙手向前掤出後，同時左腳向後撤步，刁托後，兩手下落至左胸前，兩手距離約22公分，隨之右腳向前上步，身體稍左轉，使身體形成一種擰勁，稱為蓄勁；接著左腳蹬地，向右前方發力推出，左腳向前跟步震腳，以助兩手向前的發力。此動作重複兩次。

（二十六）左連珠炮

身法不變，右腿弓膝塌勁，提起左腳向左後方撤步，成右弓步。右手稍順纏，掌心翻向下，掌指斜向右前方；左手順纏，掌心翻向上，掌指向右前方（圖146）。

身體左轉，左腿弓膝塌勁，成左弓步；同時兩手向下捋、經腹前向左轉至左側前方，左手掌心向下，掌指向左；右手至左臂內側，掌心向上，掌指向左。眼看左手（圖147）。

　　身體右轉，提起右腳經左小腿後側向右後方叉步，左腳尖內扣，隨之弓膝塌勁，成左弓步。左手順纏，右手逆纏，兩手同時向上向右轉至左側前方，掌型不變（圖148）。

　　左腿向內收轉，落至右腳左前側，腳尖著地，成左前虛步；同時兩手下捋至腹前；隨之右臂屈肘，屈腕向上採刁至右耳側，手心斜向內，小指、無名指和食指依次屈於掌心；左手變順纏向左前上方托起，掌心斜向上，掌指向左前方，臂成弧形，肘尖下垂。眼法不變（圖149）。

　　身體右轉，右腿弓膝塌勁，左腳以腳跟內側著地向左前方擦出，腳跟著地，腳尖翹起；接著，腳尖落地踏實弓膝塌勁，右腳以腳尖畫地向前拖進半步，腳跟向下震落，隨之重心後移至右腿，成左前虛步。同時右手變掌向下落至右肩前，掌心斜向左，掌指向上；左手稍逆纏向內畫弧至右胸前，兩掌心相對，掌指向上；動作不停，兩手同時向左前方推出，臂成弧形，左臂橫與左側前方，掌心斜向左，掌指向前；右手至左小臂內側，掌心向左，掌指向上。眼法不變（圖150、151）。

身體稍左轉，提起右腳向右後方撤步，隨之弓膝塌勁，成左弓步。同時左手順纏，掌心斜向前下方，掌指斜向左前上方；右手順纏，掌心斜向上，掌指斜向左前方（圖152）。

左腿向內收轉，落至右腳左前側，腳尖著地，成左前虛步；隨之兩手下捋至腹前，掌形不變；右臂屈肘，屈腕向上採刁至右耳側，手心斜向內，小指、無名指和食指依次屈於掌心，左手變順纏向左前上方托起，掌心斜向上，掌指向左前方，臂成弧形，肘尖下垂。眼法不變（圖153）。

　　身體右轉，右腿弓膝塌勁，左腳以腳跟內側著地向左前方擦出，腳尖翹起；接著，腳尖落地踏實弓膝塌勁，右腳以腳尖畫地向前拖進半步，腳跟向下震落，隨之重心後移至右腿，成左前虛步。同時右手變掌向下落至右肩前，掌心斜向左，掌指向上，左手稍逆纏向內畫弧至右胸前，兩掌心相對，掌指向上。動作不停，兩手同時向左前方推出，臂成弧形，左臂橫於左側前方，掌心斜向左，掌指向前；右手至左小臂內側，掌心向左，掌指向上。眼法不變（圖154、155）。

【要點】

　　兩手同時向下向左再向上畫一大弧回至原處，接著兩手做下捋刁托，其它要點與前勢相同。

（二十七）閃通背

　　身體右轉，右腿弓膝塌勁，提起左腳向前上步，腳跟著地，腳尖翹起，成左前虛步。同時右手順纏，向右向內畫弧收轉至右側胯前，掌心向上，掌指向前，左手稍逆纏前伸（圖156）。

　　左腳尖落地踏實，隨之弓膝塌勁，成左弓步；右手繼續順纏，向前穿掌，臂成弧形，掌心斜向上，掌指斜向前上方；左手稍逆纏，向下落轉至左胯外前側，掌心向下，掌指向前。眼看前方（圖157）。

　　身體右轉，左腳尖內扣成馬步。右手逆纏，屈臂向內收轉至左肩前，掌心向左，掌指向上，左手順纏掌心翻向上（圖158）。

　　身體繼續右轉，左腳尖向內扣轉，身體重心移至左腿，右腳以腳尖滑地向右後方掃轉至左腳的右後側，隨之腳跟向下震踏落實，身體重心偏與右腿。同時左臂屈肘，左手向上向內轉至左耳側，掌心斜向前，掌指向上，隨掃轉向前發力撲按，臂同肩高，掌心斜向前，掌指向前上方；右手向下轉至腹前，掌心向下，掌指向前。眼看左前方（圖159、160）。

【要點】

　　左腳向前上步，接著向前穿掌、弓膝同時完成。接著右手逆纏向內畫一小弧轉至左肩前，身體向右轉約180度，右腳向後掃轉，腳畫一半圓，隨之右腳震踏，重心後移，左掌迅速向前發力撲按。

第三段

（二十八）指襠捶

　　身體左轉，右腿弓膝塌勁，隨之，左腳提起向左前方上步，向前弓膝塌勁，身體重心前移成左弓步。接著，右手向內貼於腹部，掌心向下，掌指向前；左手向左前方伸出，掌心斜向前，掌指向上，身體左轉，右腿向前屈膝提起，腳尖自然勾起，成左獨立步。同時左手向前向右、向內畫弧至左側腹前，掌心向下，掌指向前；右手順纏向前上方轉出，手與肩同高，掌心向上，掌指向前。眼看前方（圖161、162）。

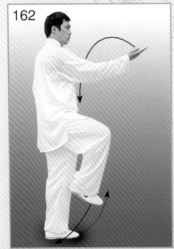

163

身體右轉，右腳尖外擺，向下震落
在左腳內後側，隨之迅速提起左腳，成
右獨立步。同時右手握拳逆纏屈肘向內
轉至胸前，拳心向下，拳眼向內；左臂
屈肘，左手向內合於右拳背上側，掌心
向右，掌指向上。眼看左前方（圖163、
164）。

164

身法不變，右腿弓膝塌勁，左腳以
跟內側貼地向左前方擦出，腳跟著地，
腳尖翹起。同時右拳向下插轉至左腹
前，拳型不變；左掌沿右臂向上轉至右
肩前，掌型不變。眼法不變（圖165）。

165

身體左轉，左腳尖落地踏實，屈膝前弓成左弓步，右腿稍屈。同時兩手逆纏向下向左右分展至肩高，左掌心斜向前，掌指向上；右拳心斜向右下方，拳眼斜向下。接著右腿弓膝塌勁，左手在原處變順纏，掌心翻向上，中指、無名指和小指向內屈與掌心成八字掌；右臂屈肘，右拳順纏向內合於右胸前，拳心向內。隨之左腿弓膝塌勁，右腿也屈膝塌勁，成左側弓步，同時右拳逆纏迅速向前下方發力打出，拳同腹高，拳心向下；左手逆纏向內收轉至腹前，掌心按於腹部。眼法不變（圖166、167、168）。

【要點】

握拳合臂與右腳下震要同時完成，擦步插拳也要同時完成。要注意兩臂打開時兩手要做逆纏；合臂時兩手要做順纏，左手形成八字掌。發拳時要快速有力，力達拳面；左手也要迅速向內收轉，按於腹部，與右拳形成對拉力勁。打出的右拳要低於腹部。

（二十九）白猿獻果

身體左轉，兩腿弓膝塌勁；同時左手逆纏向內以虎口處貼腹部畫一圓圈，並握拳，拳心向上；右拳逆纏向左經左膝前向上向右畫弧。身體隨之右轉，右腿弓膝塌勁，左腿稍屈；右拳至右側前方，拳心斜向下，拳眼斜向內；左手在腹前，拳心向上。眼看右前方（圖169、170）。

身體左轉，左腿屈膝前弓，右腿也屈膝塌勁，成右側馬步。右拳順纏向下向內畫弧收至腰間，拳心向上，拳眼向外（圖171）。

身體繼續左轉，左腳尖外擺弓膝塌勁，重心移至左腿，隨之右腿屈膝提起，腳尖自然勾起，成左獨立步；同時右拳順纏從腰間向前上方轉出，臂成弧形，拳心斜向內，拳眼向外；左拳隨之沿腹部向左收至左側腰間，拳型不變。眼看右前方（圖172）。

【要點】

　　右拳在體前畫一大弧，繞至腰間，再向前上方打出；右腿隨之向前提起，成左獨立步。左手也同時在腹前繞一小圓，握拳向後拉至腰間。

（三十）雙推手

　　身體左轉，左腿弓膝塌勁，右腿隨之向右後方出腿，成左弓步。左手變掌，向左屈肘向內平雲畫弧轉至左腮側，掌心斜向前，掌指斜向上；右拳變掌屈肘向內畫弧轉至右腮側，掌心斜向前，掌指斜向上。眼看左前方（圖173、174）。

身體右轉，右腿弓膝塌勁，身體重心移至右腿，提起左腳向前上步，落於右腳內側，腳尖著地，腳跟抬起，成左虛步，兩膝稍外展，襠部撐圓。雙手隨轉體向下落至胸前立掌，同時向前推出，手同胸高，兩掌指斜向上，掌心斜相對，眼看前方（圖175）。

【要點】

身體左轉，右腳向前上步，兩拳變掌同時畫弧轉至腮側，接著身體右轉，兩手向前平推，左腿隨之向前跟步，形成丁步雙按。

（三十一）中 盤

身體稍右轉，兩腿屈膝塌勁，步型不變。同時右手順纏向下向內收轉至腹前，掌心向上，掌指斜向前，左手逆纏經右手上側向前轉出，臂稍屈，掌心斜向下，掌指斜向上；接著身體變為左轉，步型不變；右手逆纏左手順纏，右手至左臂上側，向胸前轉按，掌心斜向下，掌指斜向上；左手隨之向內收轉至腹前，掌心向上，掌指斜向右；身體再變為右轉，步型不變；左手逆纏右手順纏，左手至右臂上側，向胸前轉按，掌心斜向下，掌指斜向上；右手隨之向內收轉至腹前，掌心向上，掌指斜向左。眼法不變（圖176、177、178）。

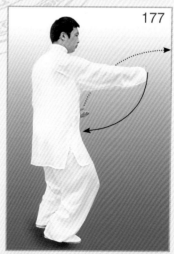

　　身體稍左轉，兩腿向下屈蹲；同時右手順纏，經左大臂上側向左穿出，掌心向上，掌指斜向左前上方；左手順纏向內收轉至右肘下側，掌心斜向後，掌指斜向右前上方（圖179）。

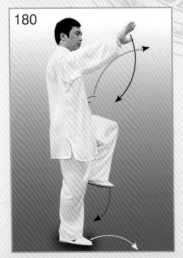

　　身體稍右轉，重心移至右腿，隨之左腿屈膝提起，腳尖自然勾起，成右獨立步；右手變逆纏，向右前上方畫弧轉出，掌心斜向右，掌指斜向上；左手也變逆纏，向左下畫弧轉至左胯側，掌心向下，掌指向前。眼法不變（圖180）。

身體繼續右轉，左腳向下震落在右腳內側，隨之屈膝下蹲，右腳提起以腳跟內側貼地向右側前方擦出，腳跟著地，腳尖翹起。同時右手順纏向下向內畫弧轉至腹前，屈肘向上至胸前，掌心斜向左，掌指斜向前上方；左手逆纏向左向上再向內畫弧轉至胸前，與右手腕交叉相搭，成十字手，右手在外，左手在內，左掌心斜向右前方，掌指向上。眼看右前方（圖181）。

身體先左轉再右轉，右腳尖落地踏實，隨之屈膝前弓，成右偏馬步。同時右手順纏向左至左胯側，小指、無名指、中指依次屈於掌心，屈腕，成刁勾手向右前上方轉出，轉至右額前上方，指尖斜向下；左手逆纏向下向左轉至左胯前，掌心向下，掌指向前。眼看前方（圖182）。

【要點】兩手在胸前畫弧纏繞，稱為換掌，步型不變；兩腿也要隨手旋轉纏繞，使襠勁圓活旋轉。提按時，身體要保持中正，步型為右偏馬步。

（三十二）前　招

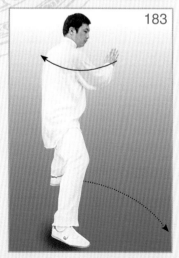

身體左轉，左腿弓膝塌勁，身體重心移至左腿，接著身體變為右轉，右腿弓膝塌勁，身體重心移至右腿，隨之提起左腳向左前方上步，腳尖著地，成左前虛步。

同時右手變掌向左向下再向右側畫
弧轉至右額前上方，臂成弧形，掌心向
外，掌指斜向前上方；左手向前向左在
腹前平雲，轉至左膝前上方，掌心向
下，掌指斜向前。眼看左前方（圖183、
184）。

【要點】

左腳向前上步與左手向右前平雲要
同時進行；掌心置於膝關節上側。

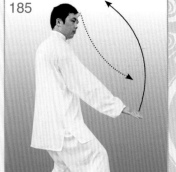

（三十三）後　招

身體左轉，左腳向左上步，踏實，
弓膝塌勁，重心隨之移至左腿，提起右
腳向右前方上步，腳尖著地，腳跟抬
起，成右前虛步。同時左手逆纏向左上
方畫弧轉至左額前，臂成弧形，掌心向
外，掌指斜向前上方；右手向下落至腹
高，向前向左平雲至右膝前上方，掌心
向下，掌指斜向前。眼看右前方（圖
185）。

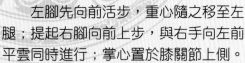

【要點】

左腳先向前活步，重心隨之移至左
腿；提起右腳向前上步，與右手向左前
平雲同時進行；掌心置於膝關節上側。

（三十四）右野馬分鬃

身體右轉，步型不變。左手順纏向
下向前撩掌至腹前，掌心向上，掌指向
前；右手逆纏向上畫弧轉至右額前，掌
心向外，掌指斜向上（圖186）。

身體左轉，隨之右腿屈膝提起，腳尖自然勾起，成左獨立步；同時右手順纏，向右向下轉至胯高、向右前上方托起，臂成弧形，掌心斜向上，掌指斜向右前上方，左手逆纏向上向左畫弧轉至左前方，臂同肩高，掌心向外，掌指向上。眼看右前方（圖187）。

身體稍左轉再右轉，左腿屈膝下蹲，右腳向下以腳跟內側貼地向右斜前方擦出，腳跟著地，腳尖翹起。接著腳尖落地，隨之屈膝前弓，成右偏馬步。同時右手向右前穿靠至右膝前上方，掌型不變；左掌不變。眼看右前方（圖188、189）。

【要點】

右手轉至右腿上方時右腿隨右手屈膝提起。左腿屈膝下蹲，身體左轉，右腳跟貼地擦出，再向前弓膝成右偏馬步；同時身體稍右轉，右手向右膝前上方穿靠。要注意右腿、右臂要形成合勁。

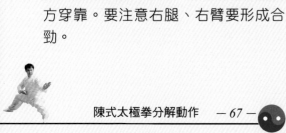

（三十五）左野馬分鬃

身體右轉，右腳尖外擺弓膝塌勁，重心移至右腿，隨之左腿屈膝提起，腳尖自然勾起，成右獨立步。同時右手逆纏，向左向右上方畫弧轉至肩高，臂微屈，掌心向外，掌指斜向上；左手變順纏，向下至胯高屈肘，隨轉體提膝向左前上方托起，掌心向上，掌指斜向左前上方。眼看左前方（圖190、191）。

身體稍右轉再左轉，右腿屈膝下蹲，左腳向下以腳跟內側貼地向前擦出，腳跟著地，腳尖翹起，接著腳尖落地，隨之屈膝前弓，成左偏馬步。同時左手向左前穿靠至左膝前上方，掌型不變，右掌不變。眼看左前方（圖192、193）。

【要點】

與「右野馬分鬃」要點相同。

（三十六）擺蓮跌叉

　　身體稍左轉，左腿向前弓膝塌勁，成左弓步。同時左手稍前伸，掌心向上，掌指向前；右掌向前平雲轉至左掌上側，掌心相對，掌指向前（圖194）。

　　身體右轉，右腿弓膝塌勁，隨之兩臂屈肘，兩手向內轉至兩腮側，掌心斜相對，掌指向上。眼看右前方（圖195）。

　　身體左轉，左腿弓膝塌勁，成左弓步，右腿微屈。同時兩手向右前方伸出，右臂稍屈，手與肩同高，左手至右肘內側，掌心均向外，掌指向上（圖196）。

　　身體繼續左轉，隨之兩手向前下方擊拍，手同腹高，掌心斜向下，掌指斜向右，眼看兩手（圖197）。

　　身體稍左轉，步型不變。同時兩手向左前方伸出，掌心向下，掌指向前（圖198）。

身體右轉，左腿弓膝塌勁，身體重心移至左腿，隨之提起右腳向前上步，落在左腳內側，腳尖著地，腳跟抬起，成右虛步；隨之兩手向右後方畫弧平雲，右手至右後方，手與肩同高，掌心向下，掌指斜向右後方；左手至右肩前，掌心向下，掌指斜向右後方。眼看右後方（圖199）。

身體左轉，左腿微屈弓住塌勁，右腿伸直向前上方踢起，腳於頭同高時展胯，向右平擺，腳尖向內扣；同時左手逆纏，右手順纏，兩手向左前方平擺，用手掌依次迎拍腳面（圖200）。

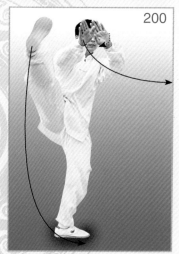

右腳下落震腳，震落至左腳內後側，屈膝下蹲，左腳迅速提起，腳尖自然勾起，成右獨立步；與此同時兩手握拳，左拳逆纏，屈肘向內轉至右肩前，拳心向左，拳眼向內；右拳順纏，向右向下、向前轉至胸前，拳於胸同高，拳心向左，拳眼向上。眼看前方（圖201、202）。

身體右轉，右腿屈膝下蹲，左腳跟內側貼地向左前方擦出，成仆步，襠勁下塌鬆胯，右膝向內扣轉貼地，左腳尖翹起外擺，左腿後側貼於地面。同時右拳變逆纏向上向右畫弧轉至右側前方，拳與肩同高，拳心向前，拳眼向上；左拳順纏沿身體向下轉至腹前，再沿左腿內側向左前上方轉出，拳心斜向上。眼看左前方（圖203、204）。

【要點】

右腿踢擺均需伸直。擺腿時，手和腳要形成合勁；右腳發力向右擺，同時兩手發力向左平擺；兩手擊拍腳面時要清脆響亮。右腳下震，左腳提起迅速向左前擦出，仆於地面，左腳尖向內勾起，右膝內側貼地，形成跌叉式。

（三十七）左右金雞獨立

身體左轉，左腳尖向前落地踏實，左腿向前弓膝塌勁，右腿隨之向前伸直，成左弓步。兩拳不變（圖205）。

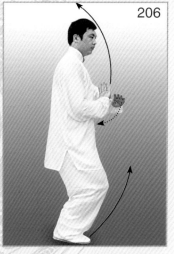

右腿屈膝向前提起，腳尖自然勾起，成左獨立步。左拳變掌逆纏，屈肘向內轉至胸前，掌心向下，掌指向左；右拳變掌順纏，向下屈肘向內轉至腹前、沿身體中線、經左小臂內側向上穿掌，當肘尖於鼻尖相對時，手變逆纏向右側上方轉出，掌心向外，掌指向上；左手繼續逆纏向下向左轉至胯前，掌心向下，掌指向前，眼看前方（圖206、207）。

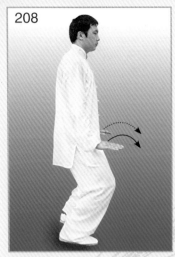

身法不變，左腿屈膝下蹲，右腿隨之向下震落至左腳內側，與肩同寬，成正馬步。同時右手變順纏向內裹肘下沉，當肘尖與鼻尖相對時，手變逆纏向下向右轉至右胯側，掌心向下，掌指向前；左掌不變稍向上抬起，隨右掌下按。眼法不變（圖208）。

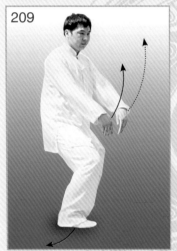

身體右轉，步型不變。兩手鬆腕向右前方提轉，手於腹同高，掌心斜向內，掌指斜向下（圖209）。

身體左轉，左腿弓膝塌勁，提起右腳以腳跟內側貼地向右側方擦出，成左弓步。左手順纏，右手逆纏向左前上方轉出，手同胸高，左手掌心斜向左前下方，掌指斜向前上方；右手至左臂內側，掌心斜向左，掌指斜向上。眼看左前方（圖210）。

　　身體稍右轉，右腿弓膝塌勁，身體重心移至右腿，左腿隨之向內收轉至右腳內側，腳尖著地，腳跟抬起，成左虛步。同時左手順纏屈肘向內收轉至腹前、沿身體中線、經右小臂內側向上穿掌至面前，掌心斜向左，掌指向上；右手至左小臂外側，掌心向下，掌指向左。接著，左腿屈膝上提，腳尖自然勾起，成右獨立步；左手繼續向上穿掌，當肘尖於鼻尖相對時，手變逆纏向左側上方轉出，掌心向外，掌指向上，右手逆纏向下向右轉至胯前，掌心向下，掌指向前。眼看前方（圖211、212）。

【要點】

　　一手上穿，一手下按，要形成對拉拔長的勁。上穿掌時，要先順纏變逆纏；向下落時，要先順纏再變逆纏。右腳向下震落時，兩掌同時向下按，隨之氣向下沉於丹田。

第四段

（三十八）倒捲肱

　　身體左轉，右腿屈膝下蹲，左腳下落向左後方撤步，隨之弓膝塌勁，成馬步。同時左手順纏向下落至胸前，臂同肩高，掌心斜向前，掌指斜向前上方；右手抬起向上至左臂上側，逆纏沿左臂向前轉出，掌心斜向下，掌指斜向前；左手隨之屈臂向內收轉至腹前，掌心向下，掌指向右。眼看右前方（圖213）。

　　身法不變，步型不變。左手逆纏向左側前方轉出，手同肩高，掌心斜向下，掌指向前（圖214）。

　　兩手在原處做順纏，掌心翻向上（圖215）。

　　身體右轉，重心移至左腿，右腳向內收轉半步，腳尖著地，腳跟抬起，成右前虛步；同時左手逆纏，屈肘向內轉至左腮側，掌心斜向前，掌指斜向上；右手在原處做逆纏，掌心向下，掌指向前。眼看右前方（圖216）。

身體繼續右轉，右腳尖畫地向右後方撤步，弓膝塌勁，左腳以腳跟為軸，腳尖向內扣轉，成馬步。左手逆纏向前落至右臂上側，向前轉出，手同肩高，掌心斜向前下方，掌指斜向前上方；右手順纏屈肘向內收轉至腹前，掌心向下，掌指向左。眼看左前方（圖217）。

身法不變，步型不變。右手逆纏向右側前方轉出，手同肩高，掌心斜向下，掌指向前（圖218）。

兩手在原處做順纏，掌心翻向上（圖219）。

　　身體左轉，重心移至右腿，左腳向內收轉半步，腳尖著地，腳跟抬起，成左前虛步；同時右手逆纏，屈肘向內轉至右腮側，掌心斜向前，掌指斜向上；左手在原處做逆纏，掌心翻向下，掌指向前。眼看左前方（圖220）。

　　身體繼續左轉，左腳尖畫地向左後方撤步，弓膝塌勁，右腳以腳跟為軸，腳尖向內扣轉，成馬步。右手逆纏向前落至左臂上側，向前轉出，手同肩高，掌心斜向前下方，掌指斜向前上方；左手順纏屈肘向內收轉至腹前，掌心向下，掌指向右。眼看右前方（圖221）。

【要點】

　　右腳向後撤步時，腳尖畫地向內經左腳內側，向右後方撤步；撤步的路線是腳畫一半圓，缺口向外。左右相同。

（三十九）退步壓肘

　　身體左轉，左腿弓膝塌勁，右腿伸直，成左弓步。左手逆纏向左側前方轉出，手與肩同高，掌心斜向下，掌指斜向左側前方；同時右手順纏向下經腹前向左轉出，手至左肘內側，掌心斜向左，掌指斜向左前方。眼看左前方（圖222）。

身體右轉，右腿弓膝塌勁，左腿稍屈，成右側弓步。右手逆纏向下經腹前向右轉至右胯外側，屈臂，掌心向下，掌指向前；左手順纏向右前方畫弧轉至右側前方，臂成弧形，掌心斜向上，掌指斜向前上方。接著，身體左轉，左腿仍弓膝塌勁，右腿弓膝塌勁，成馬步；同時右臂屈肘向上向前畫弧壓至左掌上側，手至左肩前，左臂稍屈，掌型不變。眼看右前方（圖223、224）。

身體右轉，左腳以腳跟為軸，腳尖內扣，身體重心移至左腿，隨之右腳向內收轉半步，腳尖著地，腳跟提起，成右前虛步。右手順纏向上向前轉出，手與肩同高，掌心向上，掌指向前；左手向上轉至右臂上側，掌心貼於右臂上側，掌指向右（圖225）。

　　身體繼續右轉，右腳以腳尖畫地向右後方撤步，腳至右後方時，腳跟下震，弓膝塌勁，身體重心隨之後移右腿，左腳尖稍內扣，腿稍屈，成左前虛步；同時左手沿右臂向前擊出，手同肩高，掌心斜向下，掌指斜向前上方；右臂屈肘向右後方發力，手向內收轉至腹前，掌心向上，掌指向左。眼看左前方（圖226）。

【要點】

　　兩手向左畫弧轉出，再向右運轉，右肘向前滾壓，隨之身體右轉，兩肘交替前壓，右手向前伸出，接著，右腳向後震踏，左手同時向前擊出，力送左掌。

（四十）擦　腳

　　身體右轉，左腿屈膝前弓，下塌襠勁，身體重心移至左腿；接著，左手順纏向右捋轉至右側前方，掌心向右，掌指斜向前；右手逆纏，向右捋出，隨身體重心前移，手變順纏，掌心翻向上，掌指向右（圖227、228）。

提起右腳向前上步，落於左腳的左前側，腳尖外擺，左腳跟抬起，隨之兩腿屈膝下蹲成盤步；右手向上向左畫弧轉至左側前方，右臂壓於左臂上側，掌心斜向左前方，掌指向上，左手稍向上，掌心向下，掌指向右。眼看左前方（圖229）。

身法不變，右腿弓膝塌勁，身體重心移至右腿，隨之起身站直右腿，左腿屈膝提起，成右獨立步。同時兩手逆纏向前向上架至額前上方，兩手交叉，掌心向前，左掌指向右，右掌指向左（圖230）。

左腳向前上方彈起，腿伸直，腳尖繃平，與此同時，兩臂分展下落，左手向前迎拍腳面，右手下落與肩同高，掌心向右，掌指向上。眼看左手（圖231）。

【要點】
右腳向前蓋步，兩手向下畫弧，左手停至腹前，右手繼續向左前畫弧按掌，兩手分展與左腳向前彈踢要同時進行。左手擊拍左腳面要快速、準確。

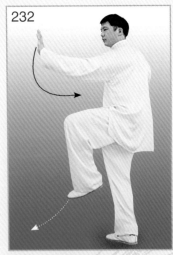

（四十一）蹬一根

　　身體右轉，左腿屈膝向右下轉落，右腿稍屈，右腳以腳跟為軸，腳尖外擺；兩臂舉於肩平，兩手塌腕立掌，掌心均向外，掌指向上，隨身體右轉180度；左腳下落至右腳的左側，腳尖內扣，弓膝塌勁，身體重心隨之移至左腿，右腿稍屈，腳跟抬起，腳尖著地，成右前虛步；同時兩手握拳順纏向下向內轉至腹前，兩腕交叉，左拳在外，右拳在內，兩拳心向內。眼看右前方（圖232、233）。

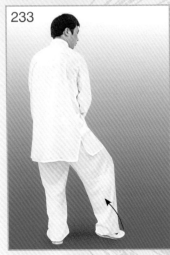

　　身體右轉，左腿稍屈塌勁，隨之右腿屈膝提起，腳尖自然勾起，接著，兩拳在體前向左右各畫一小弧屈肘轉至胸前，左拳在內，右拳在外，兩腕交叉，拳心均向內。接著，右腿由屈到伸，腳尖向內勾扣，腳掌外側用力，向右側上方發力蹬出，腳高與腰，成左獨立步。同時兩拳向左右展臂發力打出，拳與肩平，拳心向前，拳眼向上。眼法不變（圖234、235）。

【要點】

　　兩拳在體前畫弧握拳，提膝，身體向內合勁；稱為蓄勁。蹬腳發拳稱為放勁。蹬腿時要注意左腳站穩，不可左右搖擺，發出的拳要力達拳背，拳眼向上。

235

（四十二）海底翻花

身體繼續右轉，左腿稍屈向下鬆塌
襠勁，右腿隨之屈膝下落，提至右前
方，成左獨立步。同時右拳逆纏屈肘向
內收轉至腹前，拳心向右，拳眼向內；
左拳屈肘向內轉至腹前，與右臂內側，
兩臂交叉，拳心向左，拳眼向內。眼看
右前方（圖236）。

身體繼續右轉，右腳以腳跟為軸，
腳尖向內扣轉，右腿提膝稍外擺，腳尖
自然勾起，仍為左獨立步。同時右拳順
纏屈肘向上向右發力轉至右腿外側，臂
成弧形，拳心向上，拳眼向外；左拳順
纏，向左向上屈肘向內發力轉至左側額
前，拳心向內，拳眼向左後方。眼看前
方（圖237）。

236

【要點】

此勢是單腿支撐，扣腳轉體及兩拳
發力均需在獨立支撐下完成，難度較
大，要注意前面的蓄勁；發力前左腿要
屈膝下蹲（要注意是稍屈），兩臂內
合，蓄好勁後，發勁右轉，頭要上頂，
左腳要以腳前掌為軸，腳尖向內扣轉，
抓地，這些動作要一氣呵成。

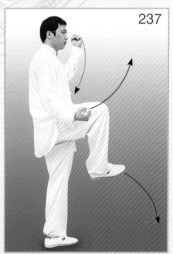

237

（四十三）擊地捶

　　身體再稍右轉，右腳向前落步，弓膝塌勁，身體重心前移，左腿稍屈，腳跟提起外擺；同時左拳順纏向前轉出，拳高與肩，臂成弧形，拳心向內，拳眼向外，右拳稍後轉，拳型不變。眼法不變（圖238）。

　　身體左轉，左腿提起向右腳前躍步，隨之右腿屈膝提起；同時左拳逆纏向內畫弧轉至腹前再向左後方轉出，臂仍保持弧形，拳心向下，拳眼向內；右拳逆纏向右向上轉至肩高變順纏屈肘向內畫弧轉至右側前方，拳高與肩，拳心向內，拳眼向外（圖239）。

　　右腳向前上步，腳跟著地，腳尖翹起，右拳稍左轉，拳型不變，左拳在原處做順纏，拳心向前，拳眼向上。眼看右前方（圖240）。

身體右轉，右腳尖落地踏實，弓膝塌勁，左腿稍屈，成右弓步。右拳逆纏向內向下畫弧轉至腹前屈肘，拳向右側上方提起，至右耳側，拳心斜向前下方，拳眼向內；隨之左拳逆纏向左變順纏向上屈肘向內轉至左耳側，向前下方打出至右膝左前側，拳心斜向內，拳眼向右。眼看左拳（圖241）。

【要點】

　　左腳向右腳前躍步時，右腳蹬地使身體騰在空中，身體下落時，左腳著地，右腳迅速向前上步，接著做弓膝栽捶。右手要有提拉之勁，左拳要有擊地之力。

（四十四）翻身二起

　　身體左轉，左腿弓膝塌勁，重心移至左腿，右腳尖翹起向內扣轉，隨之弓膝塌勁，重心再移至右腿，左腳向內收轉半步，腳跟抬起，腳前掌著地，成左前虛步。同時左拳上提至額前右拳向下轉至右膝外上側，隨轉體兩拳不停，右拳順纏繼續向上轉至肩高，屈肘向內收轉至右側前方，拳心向內，拳眼向右後方；左拳順纏向左向下畫弧轉至左側胯前，拳心向上，拳眼向左。眼看前方（圖242、243）。

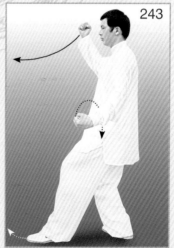

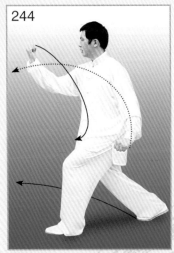

　　身體左轉，左腳向前上步，弓膝塌勁，重心前移，右腿稍屈，腳跟抬起外擺；同時右拳繼續順纏向前下轉至胸前，臂成弧形，拳心向內，拳眼向右；左拳變逆纏，向左下方轉出，拳心向下，拳眼向內。眼法不變（圖244）。

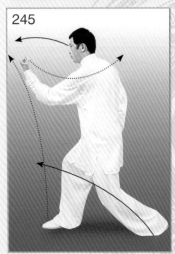

　　身體右轉，提起右腳向前上步，落在左腳的右前側，弓膝塌勁，重心前移，左腿稍屈，腳跟抬起外擺；同時左拳向上轉至肩高，變順纏向前轉至胸前，臂成弧形，拳心向內，拳眼向左；右拳變逆纏，向右下方畫弧轉出，拳心向下，拳眼向內。眼法不變（圖245）。

　　身體稍左轉，左腳蹬地向前上方踢起，隨之屈膝提在空中，腳尖自然下垂，右腳蹬地發力迅速向前上方踢起，腳面繃平，使身體騰在空中；同時左拳變掌逆纏向左前上方畫弧轉出至左側上方，手略高於頭；右拳變掌逆纏向右向上、向前畫弧撲按，迎擊右腳面。眼看右手（圖246、247）。

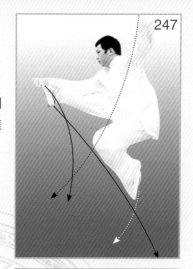

【要點】

　　上步時，兩臂在體前由外向內畫弧；當身體騰在空中時右拳變掌拍腳面，運動路線不變。擊拍腳面要清脆準確。

（四十五）雙震腳

　　身體下落，左腳先著地踏穩，右腿屈膝提住，腳至左腿內側，腳尖自然下垂。同時兩臂下落，兩手向內交叉於腹前，左手在外，右手在內，兩掌心向內，掌指斜向下（圖248）。

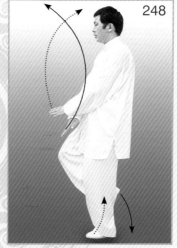

　　左腳蹬地，使身體向上彈起；右腳迅速向右後方落步，左腳再向左後方落步，隨之兩腿屈膝下蹲，成右弓步；兩手同時向上架至額前上方；兩手向左右分展、向下向內畫弧轉至腹前，臂微屈，右手在前，左手合於右小臂內側，掌心均向上，掌指向前。眼看前方（圖249、250）。

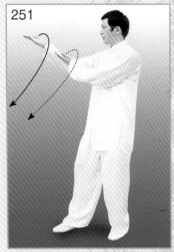

　　身法不變，左腿屈膝塌勁，身體重心移至左腿，右腳向內收轉半步，腳跟抬起，腳尖著地，成右前虛步；同時兩手向上托起至胸前，掌型不變；隨兩手向上托起，身體向上，兩腿稍屈，成高虛步（圖251）。

　　兩手逆纏向下按掌至腹前，掌心向下，掌指向前；兩腿屈膝下蹲，重心下降，兩腳踏實。眼法不變（圖252）。

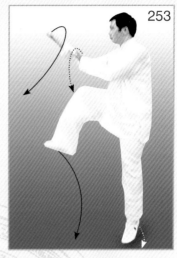

身法不變，右腿向上屈膝提起，腳尖自然下垂，隨之左腳蹬地發力使身體向上彈起，騰在空中，左腿自然向下鬆垂；同時兩手變順纏，掌心翻向上，迅速向前上方托起，手與胸同高，掌心向上，掌指向前。接著，左腳下落震踏，屈膝塌勁，右腳迅速向下震踏，屈膝成右前虛步；兩手變逆纏，掌心翻向下，隨身體下落同時向下按掌，至腹前，掌指向前。眼法不變（圖253、254）。

【要點】

左腳落地後，兩手向左右分展，同時身體向後躍步，接著兩手內裹上托、下按再向上托起，隨之兩腳蹬地向上躍起，然後兩腳依次下落，踏地作響。還要注意身體保持中正。

（四十六）蹬　腳

身體稍右轉，弓住左膝塌襠勁，隨之右腿屈膝提起，腳尖自然勾起，成左獨立步；同時右臂屈肘向內收轉至腹前，掌心向前，掌指向上；左手立掌於右側腹前，掌心向右，掌指向上（圖255）。

　　身體稍左轉，左腿踏穩，右腳以腳跟發力向前上方蹬出，腿伸直，腳高與腰，隨之兩手迅速發力推架；右手向前推出至右腳內上側，掌心向前，掌指向上；左手向上掤架至左側上方，掌心向上，掌指斜向前。眼看前方（圖256）。

【要點】

　　提膝收掌至胸前，為蓄勁；蹬腳推掌架掌要同時完成，快速發力。要注意保持身體的中正、站穩。

（四十七）玉女穿梭

　　身法不變，右腿屈膝回收，腳尖自然下垂，仍為左獨立步。同時右臂屈肘回收至右側腹前，掌心向下，掌指向前（圖257）。

　　身體稍左轉，右腳向前上步，隨之向前弓膝，左腳跟抬起；右手向前插掌，手與肩同高，掌心向下，掌指向前；左臂屈肘，左手順纏向下轉至左腮側，掌心斜向前，掌指向上。眼法不變（圖258）。

身體右轉，右腿弓住，提起左腳向右腳前上步，在未落腳時，右腳蹬地發力，使身體向上躍起；同時右手逆纏屈肘，向上架至額前上方，掌心斜向前，掌指向左；左手逆纏迅速發力向前推按，手於胸同高，掌心向前，掌指向上。接著，身體向下，左腳落地弓膝塌勁，右腳經左小腿後側向前插步，落在左腳的左側後方，腳前掌著地，腳跟抬起，成插步；兩手型不變。眼看左前方（圖259、260）。

【要點】

右腳向前上步，左腳迅速提起向前邁出，右腳蹬地發力，使身體騰在空中，同時右掌上架，左掌前推，瞬間完成；下落的同時，右腳向前插步。此動作要連貫，快速，一氣呵成。

（四十八）順鸞肘

身體右轉180度，左腳跟為軸，腳尖向內扣轉，右腳以前腳掌為軸，腳跟向內扣轉，兩腿屈膝塌勁，成正馬步。同時右手隨轉體逆纏向右側轉出，手同肩高，掌心斜向前，掌指向上，左手至左側前方，手型不變（圖261）。

　　身體稍左轉，左腿弓住塌勁，身體重心移至左腿，右腿屈膝提起，腳尖自然下垂；右手稍向下轉，手與腹同高，掌型不變，左手不變，眼法不變（圖262）。

　　身體稍左轉，左腿弓膝塌勁，右腳以腳跟內側貼地向右前方擦出，腳跟著地，腳尖翹起。同時右手順纏向內畫弧轉至胸前，掌心向左，掌指斜向前上方；左手也順纏向下向內畫弧轉至胸前，與右手交叉相搭，掌心向右，掌指向上，成十字手，右手在外，左手在內。接著，身法不變，右腳落地踏實，右腿屈膝前弓，成馬步；緊接著，兩手握拳，肘向兩側斜後方發力打出，兩拳心向內，拳眼向上。眼看右前方（圖263、264、265）。

【要點】
　　兩手合臂後握拳，接著，右腳尖落地，弓膝塌勁，兩肘向兩側發力打出。打肘時，要注意，兩拳不要離開胸部，使兩肘勁不外散。

（四十九）裹鞭炮

身體右轉，左腿弓膝塌勁，重心移
至左腿，右腿屈膝提起，腳尖自然下
垂。左拳順纏向下向左轉至左胯側，拳
心斜向內，拳眼向前；右拳逆纏向下轉
至腹前，拳心向內，隨之向上畫弧轉至
右側前上方（圖266、267）。

身體繼續向右轉，右腳腳尖外擺下落，左腳迅速提起，腳尖自然下垂，成右獨立步；右手不停，向前向下向右畫弧轉至右側胯前，拳心向下，拳眼向內；左拳向上轉至肩高變順纏向前下方轉出，拳同胸高，臂成弧形，拳心向下，拳眼斜向內。眼看左前方（圖268）。

身體繼續右轉，右腿仍弓膝塌勁，左腳以腳跟內側貼地向左側前方擦出，接著向前屈膝塌勁成馬步。同時左拳向下再向內轉至右側腹前，拳心向內；右拳向內向左轉至左側腹前，拳心向內，兩小臂交叉，右臂在外，左臂在內（圖269、270）。

兩拳逆纏向前向上架至額前上方，兩拳向左右分展發力，臂成弧形，拳心向內，拳眼向後，左拳略高與肩，右拳與肩平；左腿繼續弓膝塌勁，成左偏馬步。眼看左前方（圖271）。

【要點】

此勢為跳步轉身，右腳與左腳換步跳躍，落地要穩，換跳步不必過高。兩臂分擊要鬆肩沉肘，力達拳背。

（五十）雀地龍

身體右轉，右腿弓膝塌勁，重心右移，成右弓步。左拳逆纏向下經腹前向右向上轉至右側前方，拳與肩同高，拳心向右，拳眼向上，右臂屈肘，右拳逆纏向內畫弧轉至左肘內上側，拳心向左，拳眼向內（圖272）。

身體左轉，左腿弓膝塌勁，身體重心移至左腿，右腿伸直下仆，成右仆步。同時左拳順纏向上向左畫弧轉至左側前方，拳略高於肩，拳心斜向內，拳眼向後；右拳逆纏向左轉至左胸前，拳心向下，拳眼向內。眼看左前方（圖273）。

　　身體右轉，步型不變。右拳順纏，向下經腹前沿右腿內上側向右前方轉出，拳至右腳內上側，拳心向前，拳眼向上；左拳稍下沉，拳型不變。眼看右前方（圖274）。

【要點】

　　先向右弓步，左拳向下、向右、向上再向左，在體前畫一立圓，再向左弓膝成仆步，右拳向前穿出，形成仆步。

（五十一）上步七星

　　身體稍右轉，右腿弓膝塌勁，成右弓步。同時右拳向上轉出，拳與肩同高，拳型不變（圖275）。

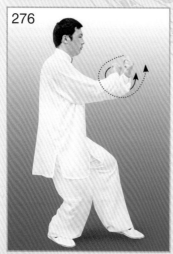

　　左腿屈膝提起，左腳向前上步，落至右腳左前側，腳前掌著地，腳跟抬起，成左前虛步。同時，右拳逆纏稍向內轉，臂成弧形，拳心向內拳眼斜向上；左拳順纏，向下經腹前，向前上方轉至右腕外側，兩腕交叉相搭，拳同胸高，拳心向內，拳眼向左，臂成弧形。眼看前方（圖276）。

身法不變，步型不變。兩拳以兩腕相貼的交叉點為軸，同時逆纏向內向下、向前繞一小圓變掌向前按出，掌心向前，左掌在內，掌指向上；右手在外，掌指斜向左。接著，兩掌變拳仍以兩腕相貼的交叉點為軸，左拳在原處順纏旋轉，拳心向內，拳眼向上；右拳順纏，繞右腕一周至右腕內側，拳心向內，拳眼向左。兩腕仍交叉與胸前，眼法不變（圖277、278）。

【要點】

兩拳變掌向前撐按，同時背部要有後撐勁。兩手腕交叉相搭，在換勢旋轉過程中，兩腕仍保持相貼不脫。此勢步法不變，仍為左前虛步。

（五十二）退步跨虎

身體左轉，右腿弓膝塌勁，提起左腳向後撤步，落與右腳的左後側，同時兩手變掌。接著，身體繼續左轉，右腳尖向內扣轉，左腿弓膝塌勁成馬步；隨之兩手逆纏，左手向下經腹前向左至左膝前上側，掌心向下，掌指向前；右手向下向右轉至右膝前上側，掌心向下，掌指向前。眼看右前方（圖279）。

　　身體左轉，左腿弓膝塌勁，身體重心移至左腿，隨之提起右腳向左腳內側收轉，兩腳相距約20公分，腳尖著地，腳跟抬起成右側虛步。同時左手繼續向左向上畫弧至肩高變順纏，屈肘向右畫弧轉至右胸前，肘尖向下，掌心向右，掌指向上；右手逆纏向右向上，屈肘向內畫弧轉至右肘下側，掌心斜向下，掌指斜向前。眼法不變（圖280）。

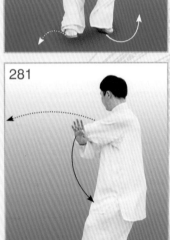

【要點】

　　左腳向後撤成馬步時，兩手下開，接著，左手向左、向上、向內畫一大弧，右手在右側畫一小弧轉至左肘下側，同時右腳向內收轉成丁虛步，兩膝外展。

（五十三）轉身擺蓮

　　身體左轉，右腳跟外擺，落地踏實，身體重心移至右腿，左腳以腳跟為軸，腳尖外擺落地，成左前虛步。左手逆纏向下轉至右肘外上側，掌心斜向下，掌指斜向上，左掌型不變。接著，左腿弓膝塌勁，重心前移至左腿，隨之右腿屈膝提起，腳尖自然勾起，成左獨立步；同時左手逆纏向左前上方轉出，掌同肩高，掌心斜向前下方，掌指斜向前，臂成弧形；右手逆纏向右側下方轉出至右胯前，掌心向下，掌指斜向左前方。眼看左前方（圖281、282）。

　　身體繼續左轉，左腿弓住，右腳向前上步，落在左腳的右前側，腳跟著地，腳尖翹起，成右前虛步。兩掌掌型不變。接著，身體繼續左轉，右腳尖落地踏實，隨之弓膝塌勁，重心前移，提起左腳向前上步，落在右腳的內側，腳尖著地，腳跟抬起，成左丁虛步，膝關節向前。左手向前、向左後方畫弧平雲至左側後方，手略高於肩，掌心向下，掌指斜向左後方；右手隨左手向前上方畫弧、再向左後方雲轉至左肘內側，掌心向下，掌指斜向左後方。眼看左後方（圖283、284）。

　　身體變為右轉，右腿弓住塌勁，左腳向前上方踢起至面前時，向右後方平擺，腳掌內扣；同時兩掌向前平擺至左側前方時，用兩掌依次迎拍腳面。眼看兩手（圖285）。

【要點】

　　右腳尖落地，弓膝，轉體，兩掌向左平雲要同時進行；成丁步時，兩膝均向前，兩腿向內合勁。左腿要先向前踢再外擺，動作要連貫，擊拍要快速，聲音要清脆。

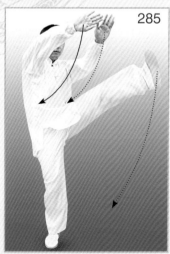

（五十四）當頭砲

　　身體右轉，右腿弓膝塌勁，左腳向左後方落步，膝微屈，成右弓步。兩掌落至前下方，右掌與肩同高，掌心向前下方，掌指斜向前上方；左掌至右肘內下側，與腹同高，掌心斜向前，掌指斜向上。眼看前方（圖286）。

　　身體稍左轉，左腿弓膝塌勁，重心後移，右腿稍屈。兩掌變拳順纏，屈肘向下向內捋至腹前，右拳心向上，拳眼斜向前，臂成弧形；左拳心斜向上，貼於腹部。接著，身體稍右轉，右腿弓膝塌勁，左腿稍屈，成右弓步。同時右拳逆纏向右前上方發力轉出，小臂橫與胸前成弧形，拳同胸高，拳心向內，拳眼向上；同時左拳也發力向前至右肘內下側，拳心斜向內，拳眼向上。眼法不變（圖287、288）。

【要點】

　　兩掌握拳，向下向內捋至腹前，胸微含蓄勁，接著左腳蹬地，右腿弓膝，同時兩拳迅速向前上方發力掤出。

（五十五）左金剛搗碓

身法不變，右腿繼續弓膝塌勁，左腿伸直，仍為右弓步。同時兩拳變掌逆纏，向前伸，掌心均向下，掌指向前，右掌與肩同高，左掌至右肘內側（圖289）。

身體左轉，左腿弓膝塌勁，重心左移，右腿稍屈，成左側馬步。左手逆纏，屈肘向左採捋至左側前方，掌同胸高，臂成弧形，掌心向外，掌指向上，右手順纏屈肘向左捋至胸前，手與胸同高，臂成弧形，掌心向外，掌指斜向前上方。眼看前方（圖290）。

身體左轉，左腿弓膝塌勁，右腿稍屈，成仆步。左手繼續順纏，向左側轉出，臂微屈，手同肩高，掌心斜向左前下方，掌指斜向左前上方；右手逆纏，向左側轉出至左肘內下側，掌心向左，掌指斜向前上方。眼看左側前方（圖291）。

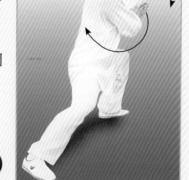

　　身體右轉，右腳以腳跟為軸，腳尖外擺，右腿弓膝塌勁，左腿稍屈成右側弓步。同時右手逆纏，向下經腹前向上前方轉出，臂成弧形，橫與胸前，掌心斜向前下方，掌指斜向左前上方；左手在原處變順纏向下塌勁，掌心斜向下，掌指斜向左後方。眼看前方（圖292）。

　　身體繼續右轉，右腿弓膝塌勁，重心移於右腿，提起左腳向前上步，落在右腳的左前方，腳尖著地，腳跟抬起，成左前虛步。同時左手順纏隨上步向前撩掌至左膝內上方，手同腹高，掌心向上，掌指向前；右手繼續逆纏至左小臂內側，掌心向下，掌指向左。眼法不變（圖293）。

　　身法不變，右腿弓住塌勁，左腿屈膝提起，腳尖自然勾起，成右獨立步。同時左手握拳，屈臂向上至左側胸前，拳心向內；隨之右手順纏掌心翻向上，托於腹前。兩眼平視（圖294）。

身法不變，右腿弓住塌勁，左腳向下震落，兩腳平行與肩同寬成馬步。同時左拳順纏向下砸落在右掌心內，拳心向上，拳眼斜向前。兩臂成弧形，兩肘貼於肋上，兩肩鬆垂。眼法不變（圖295）。

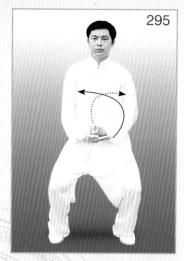

【要點】

與前勢要點相同，唯方向相反。

（五十六）收　勢

身法不變，步型不變。左拳變掌；兩掌逆纏，兩腕交叉成十字手，同時屈肘向上抬起至胸前。左掌心向右，掌指向上，右掌心向左，掌指向上，左手在內，右手在外。眼法不變（圖296）。

身法不變，兩腿站直成開立步。同時兩掌向下落至腹前，左掌心向右，掌指斜向右下方，右掌心向左，掌指斜向左側下方（圖297）。

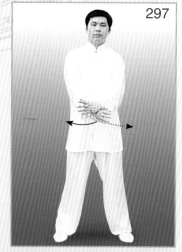

　　兩掌向左右分開，落置身體兩側，隨之提起左腳向內收轉，落於右腳內側成併步。眼法不變（圖298）。

【要點】

　　收勢動作要沉穩、緩慢，精神要收斂，勁力要貫徹始終，身體要保持中正，呼吸要自然。

大展好書　好書大展
品嘗好書　冠群可期